Textes et recettes : Emmanuelle ANDRIEU.
Photographies et stylisme : Claudia ALBISSER HUND.
Conception Graphique : Valérie RENAUD.
Coordination : Éric ZIPPER.
Impression : Union Européenne.

Conception : EURO SAEP

lunch box
et bento

saep

lunch box et bento

Avant-propos

Qui n'a jamais rêvé de prendre une pause le midi avec un repas équilibré qui lui apporterait tousles plaisirs qui nous émerveillent les sens, et tout cela hors de la maison. Manger est un acte essentiel qu'il ne faut pas négliger même si l'on est pressé, stressé ou dépassé par la vie de tous les jours. Bien se nourrir est important que ce soit pour nos enfants ou pour nous. Et déguster un bon repas est un moment agréable qui fait autant de bien à notre moral qu'à notre corps. Mais voilà, comment faire pour combiner tout cela sans pour autant finir à la table d'un restaurant avec un steak-frites. Il n'est pas forcément nécessaire d'être le roi ou la reine des fourneaux. Avec un peu d'organisation et d'astuce, vous obtiendrez un résultat très satisfaisant. Et il ne vous restera plus qu'à trouver le bon endroit pour déguster votre lunch box…

introduction

À chaque individu mais aussi à chaque rythme de vie correspond une alimentation. Nous n'avons pas tous les mêmes besoins. Voilà pourquoi ce livre regroupe des chapitres qui s'adaptent au mieux à chacun.

Les boîtes à lunch sont depuis longtemps présentes chez nos voisins étrangers. Le principe est tout simple : emmener avec soi son repas. Vous pouvez y voir un côté très ludique mais ce n'est pas pour autant dénué de sens. Nous faisons tous à l'heure actuelle attention à ce que nous mangeons, mais aussi à notre budget. Alors, voilà la solution pour une alimentation qui vous corresponde, qu'il s'agisse de faire attention à votre ligne, de faire le plein d'énergie, de chouchouter vos enfants chéris, de faire une balade en famille…

Mes trucs à moi

Pour conserver au frais les aliments contenus dans la lunch box, je glisse une brique de jus de fruits ou une petite bouteille d'eau que j'avais entreposée au congélateur. Ainsi, pour ne rien gâcher, vous aurez droit à une boisson fraîche au moment du repas.

Évitez d'assaisonner vos salades avant de les déguster sauf s'il s'agit d'une composition à base de pâtes, de riz ou de céréales. Dans ce cas, mettez la sauce à part dans un petit pot à bébé ou un sac de congélation bien fermé. On trouve actuellement des boîtes qui contiennent plusieurs compartiments, ce qui vous permettra de mettre la sauce à côté de votre salade.

Pensez à vous acheter des petits pains frais de toutes sortes, et congelez-les. Il ne vous restera plus qu'à en choisir un pour votre dégustation. Celui-ci se décongèlera tranquillement dans votre boîte.

Achetez-vous de bonnes boîtes hermétiques de toutes les tailles qui s'emboîtent les unes dans les autres. Vous êtes alors en possession d'une fabuleuse boîte à lunch faite maison et évolutive. Juste un conseil sur l'achat : portez une grande attention à la qualité si vous ne souhaitez pas avoir de mauvaises surprises telles que des fuites dans votre sac.

Mettez votre salade dans une boîte avec couvercle ou un sac de congélation. Vous n'aurez plus qu'à verser la sauce, puis refermez et secouez. C'est prêt !

Il existe quantité de lunch box, mais l'on peut trouver aussi des petits thermos qui vous permettront d'apporter un repas chaud au travail tel qu'une bonne soupe, un petit mijoté, des pâtes en sauce…

Pour préparer le sandwich du lundi, pensez à regarder le contenu de votre réfrigérateur. Tout est permis pour le garnir. Ce qui compte, c'est que cela vous donne envie.

La tarte ou la tourte sont une excellente solution pour un repas sans contrainte, il vous suffit de créer une garniture avec les ingrédients qui sont dans votre placard.

L'organisation est le mot d'ordre pour entreprendre ce type de repas. Gardez à l'esprit la préparation de votre lunch box quand vous faites les courses.

Une dernière chose : pensez quand vous cuisinez à toujours congeler une petite part qu'il ne vous restera plus qu'à emporter au travail le jour où vous êtes pressé.

Quelques notions pour manger équilibré

On nous parle souvent des cinq fruits et légumes à manger dans la journée. Essayez de ne pas l'oublier. Le principe étant de manger sain, varié et moins gras.

Un repas équilibré doit être composé de toutes les catégories alimentaires : une part de protéine (viande, jambon, œufs, poisson…), un féculent (pâtes, pain, riz, galette de blé…), des légumes crus ou à la vapeur, par exemple, et un laitage (yaourt, fromage…).

Les fruits restent le dessert le plus pratique et le plus sain de votre alimentation. Faites-vous vous-même des fantaisies en mettant une demi-papaye ou des grains de raisin ou encore une petite barquette de fruits rouges.

Les fruits secs restent une très bonne alternative si vous n'avez pas eu le temps de faire des courses au marché ou au primeur.

Respectez des quantités raisonnables pour garnir votre boîte à lunch.

Faites-vous plaisir, prenez le temps de la dégustation, au calme avec un bon livre si vous êtes du genre solitaire ou avec des amis pour vous changer les idées. N'avalez jamais un repas en quatrième vitesse, se nourrir est un acte important.

Soupe de poulet aux poivrons rouges
page 10

lunch box et bento

repas équilibré pour madame

Nous sommes toutes les mêmes. Nous aspirons à nous faire plaisir sans pour autant avoir un effet sur notre ligne. Si je puis vous donner un conseil quand vous craquez sur un « fruit défendu », ayez le réflexe d'alléger le repas suivant. Tout est question d'équilibre, que ce soit sur le plan quantitatif ou sur le plan qualitatif.

Pour 1 soupe
Recette très facile
Recette peu chère
Préparation : 15 minutes
Cuisson : 20 minutes

Ingrédients
2 cuil. à soupe d'huile d'olive
1/2 oignon
1 gousse d'ail
1 poivron rouge
1 blanc de poulet sans peau
1/2 bouquet de basilic frais
Sel, poivre noir.

Soupe de poulet aux poivrons rouges

1. Mettre 1 cuillerée d'huile dans une poêle chaude. Ajouter l'oignon et l'ail émincés. Faire revenir le tout, saler et poivrer.
2. Peler le poivron rouge à l'aide d'un économe, le couper en deux. Ôter les graines et la membrane blanche. Détailler le poivron en lamelles pour les ajouter à l'oignon.
3. Faire cuire à feu doux jusqu'à ce que l'ensemble soit bien tendre. Verser alors 25 cl de bouillon.
4. Incorporer le poulet coupé en dés. Laisser mijoter environ 8 minutes.
5. Parsemer de basilic grossièrement émincé.
6. Finir par un filet d'huile d'olive.
7. Remplir un contenant isotherme.

note : pour le transport, je vous suggère d'investir dans une bouteille Thermos, à moins que votre cher patron ait pensé à mettre à disposition un four à micro-ondes.

astuce : pour une soupe plus parfumée, placez votre poivron sous le gril de votre four. Mettez-le ensuite dans un sac de congélation, afin de pouvoir le peler. Détaillez-le en lanières et ajoutez-le au bouillon.

conseil : conservez un peu de basilic pour l'ajouter au dernier moment. Si vous le pouvez, utilisez plutôt un haut de cuisse sans peau. Ce morceau est moins sec et plus goûteux.

Pour 1 tarte
Recette facile
Recette raisonnable
Préparation : 10 minutes
Cuisson : 45 minutes

Ingrédients
1 pâte brisée
300 g de gorgonzola
100 g de parmesan râpé
40 cl de crème fraîche liquide
4 œufs
2 tomates
Poivre noir.

Tarte soufflée retombée au gorgonzola et à la tomate

1. Dérouler la pâte pour la placer dans un moule à tarte.
2. Fouetter les 2 fromages avec la crème. Incorporer les jaunes d'œufs à cette base.
3. Poivrer généreusement, mais il est inutile de saler car le fromage l'est déjà.
4. Monter les blancs en neige bien ferme. Les ajouter à la préparation délicatement à l'aide d'une spatule.
5. Couper les tomates en rondelles.
6. Garnir le fond de tarte de crème au fromage, disposer les rondelles de tomate sur le dessus.
7. Cuire 45 minutes à 180 °C (th. 6).
8. Dernière étape, sortir la tarte du four et la laisser retomber.

note : difficile de faire plus pratique et convivial. Vous pouvez aussi préparer une grande plaque si votre tribu et vos amis sont nombreux.

astuce : le fromage de chèvre frais convient très bien aussi. Glissez une part de tarte dans une boîte hermétique. Accompagnez-la de roquette et d'amandes effilées grillées.

conseils : achetez des pâtes brisées, feuilletées ou autres, et conservez-les dans votre congélateur. Vous n'aurez plus qu'à les sortir 1 heure avant de les utiliser.
Elles vous dépanneront aussi lors d'un apéritif improvisé pour confectionner des bouchées.

Pour 4 tartelettes
Recette facile
Recette raisonnable
Préparation : 15 minutes
Cuisson : 20 minutes

Ingrédients
4 fonds de tartelettes cuits
125 g de ricotta égouttée
125 g de chèvre frais
1/2 melon
1 filet d'huile d'olive
Sel, poivre noir.

Tartelettes fraîcheur à la ricotta

1. Disposer les fonds de tarte dans des moules pour faciliter le transport.
2. À l'aide d'une fourchette, mélanger la ricotta avec le fromage de chèvre. Assaisonner. Garnir les tartelettes.
3. Déposer sur le dessus des morceaux de melon.
4. Assaisonner légèrement, et parsemer d'un filet d'huile d'olive.

note : les fonds précuits pour tarte ou encore les feuilletés sont très pratiques pour contenir vos préparations. Vous pouvez les faire vous-même ou les acheter.
astuce : présentez le melon sous forme de billes, de lamelles. Vous pouvez utiliser aussi des emporte-pièces.
conseil : voilà une recette qui supporte toutes sortes de variantes. Quelques exemples : ricotta, tomates séchées, basilic frais ; ricotta, estragon frais, raisin ; ricotta, concombre, saumon fumé.

Pour 1 personne
Recette facile
Recette raisonnable
Préparation : 15 minutes
Cuisson : 20 minutes

Ingrédients
1 haut de cuisse de poulet avec la peau
2 cuil. à soupe de fromage frais
1 cuil. à soupe de cerneaux de noix
1 poire bien ferme
1 citron
1 poignée de salade frisée
1 cuil. à café de miel
1 filet de vinaigre balsamique
Fleur de sel, poivre noir.

Poulet aux noix et aux poires

1. Décoller la peau du poulet délicatement, en prenant le soin de ne pas la percer.
2. À l'aide d'un mixeur, mélanger le fromage avec les noix, poivrer.
3. Glisser cette farce dans la poche que l'on vient de former sur le haut de cuisse. Saler et poivrer le dessus, puis le poser dans un plat.
4. Cuire à 220 °C (th. 7-8).
5. Découper la poire en deux, retirer le cœur. Tailler des lamelles, et prendre le temps de les citronner pour qu'elles ne noircissent pas.
6. Placer la salade dans une boîte hermétique, ajouter les lamelles de fruit et le poulet.
7. Parsemer de miel, de vinaigre et de fleur de sel. Poivrer à nouveau.

note : un plat qui vous donnera envie d'aller au travail rien que pour le déguster. La vie mérite bien ces petits moments de plaisir.
astuce : pensez toujours à la présentation, même s'il s'agit d'un pique-nique ou d'un repas au travail.
conseil : quand vous décollez la peau du poulet, prenez le soin de ne pas décoller les contours. Sinon la farce lors de la cuisson ne restera pas en place.

Tartelettes fraîcheur à la ricotta

Pour 3 bouchées
Recette facile
Recette raisonnable
Préparation : 8 minutes
Cuisson : 3 minutes

Ingrédients
1 feuille de brick
30 g de beurre fondu
Une pincée de coriandre moulue
1 poignée de roquette fraîche
60 g de tofu
1 cuil. à café de câpres
2 cuil. à soupe d'huile végétale
Sel, poivre noir.

Triangle à la roquette et au tofu

1. Découper 3 bandes dans la feuille de brick.
2. Mélanger le beurre avec la coriandre, et badigeonner les morceaux de brick pour qu'ils ne sèchent pas.
3. Disposer dans le coin supérieur de chaque bande un peu de roquette, 20 g de tofu coupé en lamelles et quelques câpres. Assaisonner légèrement.
4. Et, maintenant, la phase la plus technique. Pour refermer la bouchée, on doit former un triangle en rabattant un coin de la pâte. Replier ce triangle plusieurs fois sur lui-même.
5. Badigeonner de beurre pour bien refermer et souder les bords.
6. Pas de panique, le but est non pas d'obtenir la perfection mais de faire ce qui semble le mieux, l'objectif étant que la garniture reste dedans lors de la cuisson.
7. Placer les petites bouchées dans une poële où l'on aura fait chauffer l'huile pour qu'elles ressortent toutes croustillantes et d'une magnifique couleur dorée. Penser à les retournerà mi-cuisson.
8. Les placer sur une feuille de papier absorbant pour ôter l'excès de matière grasse.

note : une bouchée riche en protéines sur un lit de verdure au goût légèrement poivré.

astuce : faites une sauce en mélangeant 1 cuillerée à soupe de crème fraîche épaisse avec le jus de 1 citron jaune et son zeste, ainsi que 2 cuillerées à café de menthe ciselée. Assaisonnez selon votre goût.

Pour 1 personne
Recette facile
Recette raisonnable
Préparation : 15 minutes
Cuisson : 3 minutes

Ingrédients
1 pâte brisée
5 crevettes roses décortiquées
Huile végétale
1/2 avocat
1 citron vert
1 cuil. à soupe crème de coco
1 cuil. à soupe de menthe fraîche
2 cl de sauce nuoc-mâm
1/2 carotte râpée
Sel, poivre noir.

Baluchons de la mer à l'avocat

1. Dérouler la pâte, l'étaler à l'aide d'un rouleau pour la rendre plus fine.
2. Découper à l'emporte-pièce 5 disques.
3. Déposer 1 crevette au milieu et refermer comme une aumônière en relevant les bords.
4. Chauffer l'huile pour y faire frire les baluchons. Les déposer sur une feuille de papier absorbant.
5. Découper l'avocat en dés. Les placer dans un saladier, arroser d'un filet de jus de citron et de crème de coco. Saler et poivrer.
6. Parsemer de menthe ciselée.
7. Mélanger le reste des ingrédients avec 2,5 cl d'eau pour obtenir une sauce en ajoutant le reste du jus de citron.
8. Placer les baluchons ainsi que l'avocat et la sauce dans la lunch box.
9. N'oubliez pas les baguettes, c'est bien plus drôle !

note : ils forment à eux seuls un repas digne d'un grand chef. Il ne vous restera plus qu'à trouver le dessert. Que diriez-vous de litchis au sirop déposés sur un yaourt grec ?

astuce : garnissez vos baluchons selon le contenu de vos placards. Par exemple, mettez un dé de saumon frais.

conseil : utilisez quand vous le pouvez de la fleur de sel, elle apporte un côté craquant sous la dent très agréable.

Pour 1 personne
Recette très facile
Recette raisonnable
Préparation : 5 minutes
Cuisson : 2 minutes

Ingrédients
6 cl de nectar de goyave
1 feuille de gélatine
1 yaourt grec nature
1 figue
1 nectarine
1 cuil. à soupe de muesli croquant aux noix.

Yaourt bienfait

1. Chauffer le nectar dans une casserole sur un feu doux.
2. Pendant ce temps, mettre la gélatine dans un bol d'eau froide pour qu'elle ramollisse. La presser ensuite entre ses mains pour retirer l'excès d'eau. La placer dans la casserole, remuer.
3. Incorporer le yaourt hors du feu.
4. Rincer les fruits, puis les découper en quartiers.
5. Verser la préparation dans un contenant pouvant fermer hermétiquement.
6. Laisser prendre la préparation en la plaçant au frais.
7. Garnir le yaourt de fruits frais et de muesli juste avant de le mettre dans la boîte à lunch.

note : il est riche en fruits et céréales, source de calcium. Essayez de privilégier tant bien que mal ce type de plaisir sucré. Et, pour vous éviter un sentiment de culpabilité, vous avez de temps en temps le droit de craquer pour une tarte au citron ou tout autre caprice sucré...
astuce : garnissez votre dessert de fruits de saison.

Pour 1 personne
Recette très facile
Recette chère
Préparation : 5 minutes

Ingrédients
12,5 cl de lait d'avoine
1/2 mangue
1 tranche de papaye
1/2 gousse de vanille.

Milk-shake saveur

1. Placer les ingrédients à l'exception de la vanille dans un blender.
2. Aplatir la gousse avec le plat d'un couteau. La couper en deux dans le sens de la longueur.
3. En retirer les graines avec la pointe du couteau. Les ajouter dans le mixeur.
4. Donner quelques impulsions pour obtenir un délice plein de vitamines.
5. Verser ce milk-shake dans une bouteille hermétique et glisser une paille juste à côté.

note : une boisson onctueuse et délicate. Utilisez des fruits frais ou décongelés en faisant les mariages qui vous enchantent.
conseil : le mariage melon, ananas, menthe est à essayer. N'oubliez pas de boire durant le repas, mais aussi durant la journée.

Yaourt bienfait

Pour 3 pots
Recette très facile
Recette peu chère
Préparation : 5 minutes
Cuisson : 1 heure

Ingrédients
4 poires
Le jus de 1/2 citron
1 cuil. à soupe de sucre en poudre
1 gousse de vanille.

Petits pots de poires confites à la vanille

1. Peler les poires pour ensuite les couper en deux et retirer le cœur.
2. Finir en les recoupant en petits dés que l'on placera dans un bol avec le jus de citron et le sucre.
3. Aplatir la gousse de vanille avec le plat d'un couteau, puis la couper en deux dans le sens de la longueur. Ôter les graines avec cette fois-ci la pointe du couteau.
4. Les ajouter aux poires, mélanger soigneusement et délicatement pour ne pas écraser les fruits.
5. Verser ces derniers dans 3 petits pots à yaourt, par exemple.
6. Cuire 1 heure à 160 °C (th. 5-6).

note : une préparation éclair pour une cuisson tendre et lente. Voilà comment chouchouter des fruits qui ne demandent qu'à révéler toute leur douceur.

astuce : pour un résultat plus parfumé, ajoutez une pincée de mélange quatre-épices. Et, pour votre gourmandise, parsemez de miettes de meringue ou de nougat lors de la dégustation.

conseils : je pense que vous aurez deviné par vous-même que les pommes conviennent très bien aussi à ce dessert.
Ces pots se conservent quelques jours au réfrigérateur, et vous pouvez même les mixer pour obtenir une compote rapide.

Salade de pommes de terre au bacon et à l'ail
page 24

lunch box et bento

Chéri, n'oublie pas ton repas !

Un repas plein d'amour dans sa boîte à lunch...
Un tendre baiser avant qu'il s'en aille...
Un mail entre midi et deux pour le soutenir.
Il ne pourra s'empêcher de penser que vous êtes merveilleuse et qu'il a une chance incroyable de vous avoir.
Et ce n'est pas peu dire, il a réellement de la chance...

Pour 2 personnes
Recette très facile
Recette peu chère
Préparation : 15 minutes
Cuisson : 20 minutes

Ingrédients
8 petites pommes de terre nouvelles
2 gousses d'ail
1 yaourt bulgare nature
1 cuil. à soupe de vinaigre de vin
100 g de bacon
1 oignon rouge
Sel, poivre noir.

Salade de pommes de terre au bacon et à l'ail

1. Plonger les pommes de terre et les gousses d'ail dans une casserole d'eau bouillante légèrement salée. Les faire cuire jusqu'à ce que l'on puisse les piquer avec la pointe d'un couteau sans sentir de résistance.
2. Les égoutter et surtout ne pas jeter les gousses d'ail.
3. Mixer le yaourt avec le vinaigre et l'ail après l'avoir épluché. Assaisonner.
4. Verser sur les pommes de terre chaudes pour qu'elles s'imprègnent des parfums.
5. Faire frire le bacon dans une poêle bien chaude pour ensuite l'ajouter à la salade avec l'oignon rouge émincé.

note : une salade très rétro qui reste la meilleure alliée du grand marcheur. Le croustillant du bacon et la douceur de l'ail lui donnent une grande personnalité.

conseils : je l'agrémente quand elle m'est destinée d'un mélange d'herbes fraîches comme la ciboulette, le persil ou encore l'aneth et la menthe. Pour cela, mettez vos herbes ou feuilles de salade dans un sac de congélation. Il n'aura plus qu'à les ajouter au moment de déguster. Pensez à gonfler légèrement le sachet d'air pour ne pas écraser la salade lors du transport.
N'ayez pas peur de l'ail car celui-ci est doux et sucré quand il a cuit.

Pour 1 sandwich
Recette facile
Recette peu chère
Préparation : 5 minutes

Ingrédients
30 g de beurre
2 cuil. à soupe de persil
1/2 cuil. à café d'épices indiennes
1/2 ciabatta
1 tranche de jambon
Quelques copeaux de mimolette vieillie.

Jambon beurre moderne

1. Mixer à l'aide d'un robot le beurre avec le persil et les épices.
2. Couper le pain ciabatta en deux dans le sens de la longueur. Le tartiner de beurre parfumé.
3. Disposer la tranche de jambon ainsi que les copeaux de fromage.
4. Refermer avec la deuxième moitié de pain.
5. Envelopper le sandwich de film alimentaire, et le réserver au réfrigérateur.

note : un grand classique très équilibré, il vous suffit de quelques légumes tels que feuilles d'épinard ou rondelles de concombre pour en faire un plat à part entière. Finissez sur un morceau de fromage et une figue, si c'est la saison : le paradis dans la boîte !

astuce : vous aurez plus de beurre qu'il n'en faut, mais ce dernier se conserve très bien au frais pour vos préparations de la semaine.

conseils : vous pouvez remplacer le beurre par du fromage frais et le persil par du basilic.
La touche finale peut être quelques copeaux de parmesan ou des tomates confites.
Vos sandwichs peuvent se confectionner à l'avance. Sachez que le beurre permet de ne pas détremper le pain avec la garniture.

Pour 1 salade
Recette très facile
Recette chère
Préparation : 10 minutes
Cuisson : 5 minutes

Ingrédients
5 asperges
1 cuil. à soupe de vinaigre de riz
1 cuil. à soupe de sauce de soja
1 filet de miel
1 petite poignée de crevettes roses décortiquées
1 grosse poignée de coriandre fraîche
Poivre blanc.

Salade d'asperges aux crevettes et à la coriandre

1. Placer les asperges dans un cuit-vapeur, laisser cuire.
2. Préparer l'assaisonnement en émulsionnant ensemble le vinaigre de riz, la sauce de soja ainsi que le filet de miel. Pour cette opération, il est possible d'utiliser un mixeur.
3. Égoutter les asperges, les détailler en morceaux. Les mettre dans une boîte, avec les crevettes. Verser la sauce par-dessus, poivrer selon le goût.
4. Répartir la coriandre sans la hacher.
5. Refermer et réserver au frais.

note : cette salade est fraîche, pleine de couleurs et excellente pour la santé. Essayez de privilégier dans votre alimentation le poisson et les fruits de mer.

astuce : la coriandre sert ici de salade. Utilisez du persil ou de la roquette pour la remplacer.

conseil : pour pouvoir déguster cette salade en toute saison, j'utilise des asperges surgelées. Les légumes comme les fruits surgelés sont réellement d'excellente qualité, ils sont aussi frais si ce n'est plus que ceux qui sont restés dans votre réfrigérateur ou sur les stands.
Ce plat apporte des protéines, il ne vous reste plus qu'à le compléter par un pain de préférence complet ou aux céréales, un laitage de votre choix et un fruit. Dans ce cas, je glisse un petit chocolat dans sa lunch box, pour la gourmandise de mon amoureux.

Pour 1 personne
Recette facile
Recette chère
Préparation : 20 minutes
Cuisson : 20 minutes

Ingrédients
4 tranches d'aubergine grillées surgelées
175 g de ricotta
1 cuil. à soupe de pistou
2 tranches de jambon italien
3 plaques de lasagnes fraîches
20 cl de sauce tomate ou de purée de tomate
50 g de tomates confites émincées
30 g de mozzarella
Sel, poivre noir.

Lasagnes d'amour

1. Faire décongeler les tranches d'aubergine.
2. Fouetter ensemble la ricotta et le pistou.
3. Détailler le jambon en fines lanières. Découper les lasagnes à la taille du plat.
4. Disposer au fond un peu de sauce tomate, puis recouvrir d'un morceau de pâte.
5. Effectuer une nouvelle couche de tomate, puis parsemer de jambon.
6. Placer un autre morceau de pâte.
7. Couvrir de ricotta, disposer quelques tranches d'aubergine ainsi que des tomates confites. Si l'aubergine ne rentre pas, la recouper.
8. Et renouveler l'opération jusqu'à épuisement des ingrédients. Penser à assaisonner entre chaque couche.
9. Une touche de mozzarella sur le dessus et enfourner à 210 °C (th. 7) pour 20 minutes.

note : une découverte à elle toute seule de tous les parfums de l'Italie. Cette version, en plus d'être rapide à confectionner, peut se déguster chaude ou froide.
Et, quand vous les aurez goûtées, elles risquent de s'inviter à votre table même le week-end.

astuce : si vous le souhaitez, vous pouvez trouver dans le commerce des aubergines toutes prêtes surgelées. J'ai pour principe de tout faire moi-même, mais aussi de rester fidèle à une certaine philosophie qui est de faire un minimum d'effort. Pourquoi se fatiguer alors que la cuisine peut être si simple.

conseil : prenez le soin de couvrir vos lasagnes avec une feuille de papier d'aluminium, elles ne se dessècheront pas et cuiront avec toutes les saveurs par le biais de la vapeur. Découvrez-les 8 minutes avant la fin pour les faire gratiner. Le résultat sera moelleux à souhait et croustillant !

Filet mignon de porc aux saveurs indiennes

Pour 2 personnes
Recette facile
Recette raisonnable
Préparation : 15 minutes
Cuisson : 8 minutes
Repos : 30 minutes

Ingrédients
1 yaourt brassé
1 cuil. à café de cannelle
1 cuil. à café de coriandre
1/2 cuil. à café de cumin
Une pincée de piment
2 gousses d'ail
1 filet mignon de porc
2 cuil. à soupe de mayonnaise
1 cuil. à café de curry
1 filet de jus de citron
1 poivron rouge pelé
1/2 bouquet de menthe fraîche
2 pains naan
Sel, poivre noir.

1. Mettre dans un sac de congélation le yaourt avec les épices et les gousses d'ail non pelées et écrasées.
2. Ajouter le filet, fermer hermétiquement. Mélanger alors le tout en malaxant bien la viande. Réserver au frais pendant 30 minutes.
3. Dans un bol, fouetter la mayonnaise, le curry et le jus de citron pour obtenir une sauce onctueuse. Assaisonner.
4. Détailler le poivron en lanières, puis émincer la menthe.
5. Faire cuire la viande, après l'avoir sortie de sa marinade, sur un gril bien chaud en la retournant à mi-cuisson.
6. Garnir les pains en plaçant quelques tranches de viande et quelques lanières de poivron.
7. Ajouter un peu de sauce, parsemer de menthe, assaisonner.
8. Former alors un cornet avec du papier sulfurisé que l'on fera tenir par le biais de 1 ou 2 pics en bois.

note : ce sandwich lui permettra de s'évader quelques minutes de son bureau rien qu'en fermant les yeux. Avec de la chance, cela pourrait lui donner des idées pour les prochaines vacances en amoureux. Ah ! Une nouvelle lune de miel sous le soleil...

conseil : de nombreuses viandes peuvent convenir à cette préparation, poulet, agneau, veau, mais les crevettes aussi.

Far coco-mangue

Pour 2 fars
Recette très facile
Recette chère
Préparation : 5 minutes
Cuisson : 20 minutes

Ingrédients
1 œuf
20 g de sucre en poudre
1 cuil. à café d'extrait de vanille
25 g de farine
8 cl de lait de coco
10 g de beurre
1 mangue pelée
2 cuil. à café de noix de coco râpée.

1. Fouetter l'œuf avec le sucre, la vanille et la farine. Incorporer le lait de coco tout en continuant de mélanger.
2. Beurrer 2 ramequins. Y déposer 1 moitié de la mangue au fond de chacun. Verser la crème.
3. Parsemer d'un peu de sucre.
4. Cuire à 180 °C (th. 6).
5. Saupoudrer de noix de coco.

note : s'il n'est pas trop « sucre », vous pouvez glisser dans sa boîte un petit fromage de chèvre nappé d'un filet de miel, et saupoudrez d'un peu de thym.

astuce : utilisez des barquettes ou des coupelles en aluminium.

conseil : le far est excellent avec des pommes, du melon, des fraises... Dans ce cas, remplacez le lait de coco par du lait classique. Parfumez avec des essences ou des huiles essentielles.

Pour 4 gâteaux
Recette très facile
Recette peu chère
Préparation : 10 minutes
Cuisson : 18 minutes

Ingrédients
2 œufs
50 g de sucre en poudre
20 g de beurre
100 g de chocolat noir extrafin
1 cuil. à soupe de cacao amer
50 g de farine
Une pincée de sel.

Gâteaux chocolat cuillère

1. Fouetter les œufs avec le sucre à l'aide d'un robot. Le mélange doit blanchir, doubler de volume et devenir très aérien.
2. Faire fondre le beurre et le chocolat au micro-ondes. Les incorporer à la préparation précédente tout en continuant à fouetter.
3. Finir en mettant le reste des ingrédients, puis mélanger à l'aide d'une spatule.
4. Beurrer des bocaux et répartir la pâte.
5. Enfourner à 180 °C (th. 6) pour 20 minutes .

note : un dessert cuit dans des petits bocaux qui facilitent le transport et la dégustation. Même le plus simple des mets est encore meilleur quand il est plaisant à regarder.

astuces : à la maison, je les confectionne dans des petits pots de crème du commerce ou des photophores. Et, s'ils sont destinés à une soirée chic, mettez-les dans des tasses sur une plaque froide.
Pour une version fruitée, ajoutez des fruits confits.

conseil : n'oubliez pas que le pot en verre continue de chauffer après la sortie du four. Faites donc attention de ne pas trop cuire vos gâteaux.

Salade de nouilles au sésame,
pois gourmands et champignons
page 38

lunch box et bento

Faites le plein d'énergie

Certains d'entre nous ne cessent de courir toute la journée. Alors, je vous propose, après un travail éreintant, un moment privilégié pour recharger les batteries. Vous pourrez ainsi repartir du bon pied !

Pour 2 salades
Recette facile
Recette raisonnable
Préparation : 8 minutes
Cuisson : 5 minutes
Repos : 30 minutes

Ingrédients
150 g de pâtes aux œufs
1 cuil. à soupe de sauce de soja
2 cuil. à soupe d'huile de pépins de raisin
1/2 cuil. à café de vergeoise brune
1 filet de jus de citron vert
1 poignée de jeunes pois gourmands
2 champignons frais émincés
1 oignon nouveau émincé
1 cuil. à soupe de graines de sésame grillées
Sel, poivre noir.

Salade de nouilles au sésame, pois gourmands et champignons

1. Cuire les pâtes selon les indications sur le paquet.
2. Pendant ce temps, préparer la sauce en mélangeant la sauce de soja avec l'huile, la vergeoise et le jus de citron.
3. Une fois les pâtes cuites, les passer sous l'eau froide pour couper ainsi la cuisson et éviter qu'elles ne collent.
4. Mettre ces dernières dans un saladier hermétique avec l'assaisonnement.
5. Ajouter le reste des ingrédients, saler et poivrer.
6. Refermer et réserver au frais au moins 30 minutes.

note : ce type de salade est une très bonne solution pour un repas reconstituant et qui rassasie. Le grignotage étant à bannir de nos habitudes, privilégiez les sucres lents, cela fera disparaître toutes vos petites fringales de la journée.

astuce : si vous n'êtes pas végétarien, ajoutez des dés de jambon ou de saumon fumé.
Composez selon votre humeur et ce que vous avez sous la main.
Une de mes versions préférées se compose de brocolis, d'échalote et de noix de cajou.

conseil : pour griller des graines de sésame, placez-les dans une poêle sans matière grasse sur feu doux. Remuez régulièrement, cela va très vite.

Pour 2 personnes
Recette très facile
Recette raisonnable
Préparation : 10 minutes
Repos : 30 minutes

Ingrédients
30 g de boulgour
1 cuil. à soupe de petits pois frais
1 oignon nouveau
1 jeune courgette
1 cuil. à soupe de persil frais
1 cuil. à soupe de menthe fraîche
1 cuil. à soupe de coriandre fraîche
2 cuil. à soupe d'huile d'olive
Le jus de 1 citron vert
Sel, poivre noir.

Taboulé vert

1. Mettre le boulgour dans un saladier et le recouvrir entièrement d'eau tiède, à hauteur de 5 cm de plus. Couvrir et laisser reposer le temps que celui-ci gonfle, environ 30 minutes.
2. Pendant ce temps, écosser les petits pois.
3. Dans un troisième temps, couper l'oignon en fines rondelles. Découper la courgette en petits dés.
4. À l'aide d'un couteau, émincer les herbes fraîches le plus fin possible.
5. Placer l'ensemble de ces ingrédients dans un saladier, ajouter l'huile, le jus de citron, du sel et du poivre. Remuer et réserver.
6. Transvaser le boulgour dans un chinois pour bien l'égoutter. Il faut ôter l'excès d'eau.
7. Mettre ce dernier dans une boîte hermétique, verser par-dessus les légumes. Bien mélanger pour que tous les parfums se mêlent et se révèlent.
8. Réserver au frais.

note : le plat marocain par excellence, qui aspire à une fraîcheur et à une explosion de saveurs incomparables. Celui-ci est un peu différent, mais il ne risque pas de rester sur la ligne de départ.

astuce : mélangez le sel dans le jus de citron pour qu'il se dissolve mieux. Cette recette peut se conserver jusqu'à 4 jours au frais.

conseil : le taboulé est un plat qui ne fait que s'embellir de saveurs au cours des heures. En clair, plus vous le préparez tôt, meilleur il est. Mettez les herbes fraîches de votre choix, vous pouvez aussi ajouter des jeunes pois gourmands frais.

Pour 2 feuilletés
Recette très facile
Recette raisonnable
Préparation : 10 minutes
Cuisson : 20 minutes

Ingrédients
1 pâte feuilletée
100 g de fromages de trois types différents
Quelques lamelles de pomme
1 cuil. à café de ciboulette émincée
1 jaune d'œuf
Poivre noir.

Feuilletés aux trois fromages

1. Dérouler la pâte, couper 4 carrés ou une autre forme à l'aide d'un couteau bien aiguisé.
2. Râper les trois fromages. Parsemer 2 des carrés de pâte de ces derniers.
3. Déposer des lamelles de pomme sur le dessus, saupoudrer de ciboulette puis poivrer.
4. Fouetter le jaune d'œuf avec 1 cuillerée d'eau.
5. Badigeonner le contour de la pâte à l'aide d'un pinceau.
6. Refermer les feuilletés avec les morceaux de pâte qui restent.
7. Badigeonner à nouveau d'œuf pour ainsi obtenir une magnifique couleur dorée lors de la cuisson.
8. Cuire à 210 °C (th. 7) pendant 20 minutes..

note : une gourmandise salée, riche en calcium et en glucides. Bon, d'accord, il ne faut pas en abuser !
Cela dit, pour une version un peu plus légère, vous pouvez opter pour une pâte à pain, qui contient moins de matière grasse. Mais l'on vient de dire que la matinée avait été très fatigante...

astuce : confectionnez ces feuilletés et congelez-les. Faites-en cuire un, le matin avant de partir, emballez-le dans du papier d'aluminium. Il n'aura plus qu'à être dégusté après un début de journée bien rempli.
Pour accompagner ce plaisir fondant, placez quelques feuilles de salade dans une boîte hermétique, avec des noix, des abricots secs. Verser dans un petit pot 1/2 cuillerée à soupe d'huile de pépins de raisin, 1/2 cuillerée à soupe de vinaigre balsamique, une pincée de sel et une de poivre noir.
Il ne vous restera plus qu'à verser la sauce après avoir secoué le pot.
Et à vous la satisfaction d'un repas reconstituant et plein de charme.

conseil : vous pouvez marier les fromages de votre choix. Un de mes préférés est le pecorino avec gruyère et parmesan. Voilà une excellente solution pour utiliser les restes de fromage qui sont dans votre réfrigérateur.
Pour les adultes, ajouter une larme d'amaretto aux fruits pour donner une légère saveur de noyau au yaourt.

Pour 1 personne
Recette facile
Recette raisonnable
Préparation : 15 minutes
Cuisson : 3 minutes

Ingrédients
1/2 bouquet de basilic frais
1 cuil. à café de cacahuètes
2 cuil. à soupe d'huile de colza
1 noisette de beurre
2 œufs
1 pain lavash
Sel, poivre noir.

Lavash roulé à l'omelette verte

1. Mixer le basilic avec les cacahuètes, ajouter l'huile petit à petit pour obtenir une belle purée verte. Assaisonner cette dernière selon son goût.
2. Mettre à fondre le beurre dans une poêle.
3. Pendant ce temps, casser les œufs dans un bol et les battre.
4. Verser ceux-ci dans la poêle, répartir sur toute la surface et cuire à feu doux.
5. Quand celle-ci est presque cuite, verser la purée de basilic.
6. Il ne faut pas remuer, juste donner deux petits coups de cuillère pour assembler très légèrement les produits. Si on remue trop, le résultat en couleur sera bien moins joli.
7. Débarrasser l'omelette sur le pain en la faisant glisser.
8. Rouler, placer ce sandwich dans une feuille de papier d'aluminium.
9. Le déposer directement dans la boîte en vue d'un repas de midi qui devrait se révéler mémorable.

note : un sandwich maison d'une grande simplicité pour un résultat à vous sublimer les papilles. Accompagnez celui-ci d'un petit pain complet, de carottes râpées et d'un morceau d'un excellent fromage de votre choix.

astuce : le papier d'aluminium est l'une des meilleures solutions pour conserver vos aliments à température. Plus il y aura d'épaisseur, plus c'est isolant. Pour ma part, je créais une autre couche en mettant autour une serviette. Et puis cela sert toujours.

**conseil : si vous aimez les plats relevés, ajoutez un peu de purée de piment dans la préparation au basilic. Si vous êtes plutôt tendre, incorporez un peu de parmesan râpé.
À chacun son style et ses faiblesses...**

Pour 16 petits croissants
Recette facile
Recette raisonnable
Préparation : 15 minutes
Cuisson : 12 minutes

Ingrédients
1 noix de beurre
20 g de lait concentré non sucré
30 g de pralinoise concassée
30 g de chocolat noir concassé
1 pâte à croissants toute prête
2 cuil. à soupe de pépites de chocolat blanc
Lait.

Minicroissants fudge

1. Mettre le beurre, le lait, la pralinoise et le chocolat noir dans une casserole à fondre. Remuer pour obtenir une préparation bien homogène. Transvaser cette préparation dans un bol.
2. Filmer et réserver au frais.
3. Dérouler la pâte à croissants, la détailler en 16 triangles.
4. Disposer un peu de garniture sur la base de chaque triangle.
5. Parsemer de pépites de chocolat.
6. Rouler alors délicatement pour former un croissant sans faire ressortir la garniture. Les placer sur une plaque, puis badigeonner de lait.
7. Cuire à 200 °C (th. 6-7).
8. Les placer sur une grille pour qu'ils refroidissent.
9. Les glisser dans la boîte à lunch pour finir une pause repas tout en douceur.

note : des petits plaisirs au goût d'interdit. Un cœur fondant sous un habit feuilleté.

astuces : remplacez la pralinoise par de la pâte à tartiner au chocolat et aux noisettes.
Pour le lait concentré, achetez des dosettes.

conseil : la pâte à croissants peut se trouver au rayon frais ou surgelé. Vous pouvez aussi la commander chez votre boulanger.

Petites pizzas aux fruits secs et au miel

Pour 4 petites pizzas
Recette très facile
Recette peu chère
Préparation : 8 minutes
Cuisson : 12 minutes

Ingrédients
1 pâte à pizza
2 cuil. à soupe de miel
25 g de beurre
125 g de fruits secs (noix, pistache, noix de cajou, amande, noisette, pignon de pin...)
1/2 cuil. à café de thym séché
Fleur de sel.

1. Sur un plan de travail, étaler la pâte en s'aidant de farine pour qu'elle ne colle pas.
2. Mettre le miel et le beurre dans une casserole pour le faire fondre.
3. Détailler des disques de pâte à l'aide d'un bol retourné.
4. Badigeonner de beurre au miel, parsemer de fruits secs.
5. Finir par une infime touche de thym et de fleur de sel.
6. Cela peut surprendre mais les goûts deviennent explosifs dans la bouche.
7. Remettre un peu de beurre sur les fruits.
8. Cuire 8 à 10 minutes à 220 °C (th. 7-8).

note : faciles à déguster et riches en glucides, elles remplaceront les barres de céréales que vous fourrez dans vos poches.
Elles peuvent aussi se glisser dans le goûter de vos enfants, après une journée de cours avec un laitage et une compote.

astuce : enfermez-les dans une boîte ou un papier d'aluminium pour qu'elles ne sèchent pas.

conseils : pour réaliser une pâte à pizza ou à pain soi-même, travailler 300 g de farine avec 1/2 cuillerée à café de sel fin, 1 sachet de levure de boulanger et 18 cl d'eau tiède.
Laissez-la reposer le temps qu'elle double de volume.
Vous pouvez, si vous en avez une, utiliser votre machine à pain ou un robot culinaire qui vous simplifiera la tâche.
Quand je confectionne une pâte à pain, je double toujours les quantités pour ainsi en conserver une boule dans mon congélateur. Il ne me reste plus qu'à la sortir le matin pour le soir, par exemple.
Un autre petit truc : il m'arrive de remplacer 100 g de farine par de la semoule de blé fine. C'est excellent, essayez !

Pour 2 tartelettes
Recette facile
Recette raisonnable
Préparation : 10 minutes
Cuisson : 15 minutes

Ingrédients
1 pâte sablée ou brisée
Beurre et farine pour les moules
1 pomme
1/2 cuil. à café
de cannelle
2 cuil. à soupe
de confiture de lait
1 jaune d'œuf
1 sachet de sucre vanillé.

Mini-applepies à la confiture de lait

1. Dérouler la pâte, puis la découper en 4 disques d'un diamètre légèrement supérieur aux moules.
2. Beurrer et fariner ces derniers, disposer 2 des pâtes au fond.
3. Peler et découper la pomme en petits dés. Les mettre dans un bol avec la cannelle, mélanger.
4. Étaler au fond de la confiture de lait.
5. Répartir les dés de fruits dans les contenants.
6. Refermer avec les 2 autres abaisses de pâte.
7. Dorer avec le jaune d'œuf battu et parsemer de sucre vanillé.
8. Cuire 15 minutes à 210 °C (th. 7).

note : au cœur fondant et doux comme un rêve, recouverte d'une couche croquante et sucrée, cette petite tourte peut se revisiter en version familiale pour un repas du dimanche.

astuce : préparez des crackers pour accompagner une salade avec les restes de pâte. Découpez comme vous le souhaitez, dorez avec un peu de jaune d'œuf. Et, maintenant, à vous la liberté, parsemez de sésame, d'amandes effilées, de cacahuètes salées, de graines de pavot... Pour une version sucrée, mettez des zestes, des fruits confits, des pépites de chocolat, des noisettes, des pistaches...

conseil : pour confectionner une pâte maison, il vous faut mélanger 250 g de farine avec 80 g de beurre en pommade, 50 g de sucre en poudre et 1 œuf.

Pour 1 tarte
Recette facile
Recette raisonnable
Préparation : 15 minutes
Cuisson : 50 minutes

Ingrédients
1 pâte sablée
du commerce ou faite maison
500 g de rhubarbe surgelée
200 g de sucre en
poudre
2 sachets de sucre vanillé
120 g de beurre
200 g de farine aux céréales
100 g de cassonade
Sel.

Tarte croquante à la rhubarbe

1. Disposer la pâte au fond d'un moule à tarte.
2. Mélanger dans un saladier la rhubarbe avec les 2 sucres.
3. Travailler le beurre bien froid avec la farine, la cassonade et une pincée de sel, on doit obtenir une sorte de sable grossier.
4. Répartir la rhubarbe sur la pâte, couvrir avec le crumble que l'on vient de confectionner.
5. Cuire à 180 °C (th. 6).

note : je vous présente un des fruits les moins sympathiques et les plus dénués de charme. Et, pourtant, sa saveur est sans comparaison.
Un goût légèrement acidulé fait toute sa personnalité.
Il existe deux variétés de rhubarbe, une verte et une rouge, qui est moins acide.

astuce : pour une version bien plus rapide, chauffez un grand pot de compote de rhubarbe. Ajoutez-y 2 feuilles de gélatine qui auront trempé dans un bol d'eau froide.
Cuisez à blanc un fond de tarte, versez dessus la compote et laissez prendre.
Concassez un assortiment de noix pour les répartir sur votre dessert.
Réservez pour que la garniture prenne bien.
Pour le lait concentré, achetez des dosettes.

conseil : je prends de la rhubarbe surgelée car cela m'évite de la trier.
Si vous l'achetez fraîche, utilisez un économe pour l'éplucher.

Salade de crabe et de haddock
page 54

lunch box et bento

recettes express

Voici mes idées préférées pour prendre le temps de se régaler le midi au bureau, mais en ne consacrant que quelques minutes à la préparation de ces recettes. Parce que nous sommes bien toutes les mêmes...

Pour 1 salade
Recette très facile
Recette raisonnable
Préparation : 4 minutes

Ingrédients
1 cuil. à soupe de mayonnaise
1 cuil. à soupe de jus de citron
1 cuil. à soupe d'aneth
1 cuil. à soupe de persil
1 tranche de pain de seigle grillé
80 g de chair de crabe
70 g de haddock fumé
1 échalote
Sel, poivre noir.

Salade de crabe et de haddock

1. Mélanger la mayonnaise avec le jus de citron. Assaisonner.
2. Émincer les herbes.
3. Disposer la tranche de pain dans la boîte.
4. Garnir de crabe et de haddock tranché le plus fin possible.
5. Finir avec la mayonnaise au citron, et parsemer d'échalote et d'herbes émincées.
6. Assaisonner une nouvelle fois.

Pour 1 pissaladière
Recette très facile
Recette raisonnable
Préparation : 3 minutes
Cuisson : 12 minutes

Ingrédients
1 pâte à pain ou à pizza
1 pot de confit d'oignons
2 cuil. à soupe d'huile d'olive
1 gousse d'ail émincée
1 cuil. à café d'herbes de Provence séchées
Quelques olives noires
Quelques filets d'anchois.

Pissaladière express

1. Étaler ou dérouler la pâte.
2. Garnir avec le confit d'oignons. Répartir le reste des ingrédients.
3. Cuire à 220 °C (th. 7-8).

Pour 1 personne
Recette très facile
Recette raisonnable
Préparation : 5 minutes

Ingrédients
2 tranches de jambon cru
1 figue
1 filet d'huile d'olive
Quelques copeaux de parmesan
1 petite poignée de roquette
Sel, poivre noir.

Carpaccio de jambon cru

1. Déchirer le jambon avec ses mains.
2. Couper la figue en tranches très fines.
3. Disposer l'ensemble le plus joliment possible.
4. Arroser d'un filet d'huile d'olive.
5. Parsemer de parmesan et de roquette.
6. Saler et poivrer.

note : un festival de couleurs chatoyantes du plus bel effet.

astuce : pour un côté très sophistiqué, coupez le jambon à l'aide d'un emporte-pièce.

conseil : ne versez pas l'huile d'olive sur la roquette, celle-ci se conservera bien mieux.

Tartelettes au parmesan

Pour 12 tartelettes
Recette très facile
Recette raisonnable
Préparation : 8 minutes
Cuisson : 15 minutes

Ingrédients
1 pâte brisée
150 g de parmesan râpé
10 cl de crème fraîche liquide
1 œuf
1 poignée de cerneaux de noix hachés
2 poires fraîches
Poivre noir.

1. Dérouler et découper la pâte pour garnir les empreintes des moules.
2. Mélanger le reste des ingrédients à l'exception des poires. Poivrer généreusement.
3. Garnir les tartelettes.
4. Cuire à 180 °C (th. 6).
5. Décorer d'une petite tranche de poire.

Demi-baguette gratinée

Pour 1 personne
Recette très facile
Recette raisonnable
Préparation : 3 minutes
Cuisson : 5 minutes

Ingrédients
1/2 baguette
1 noix de beurre
1 poignée de pousses d'épinard
1 tomate
40 g de cheddar en copeaux
2 tranches de bacon.

1. Couper la baguette en deux.
2. Beurrer une des moitiés.
3. Garnir de pousses d'épinard, puis de rondelles de tomate.
4. Finir avec le fromage et le bacon.
5. Glisser cette demi-baguette sous le gril.

Tartelettes au parmesan

Méli-mélo de pommes au poulet

Pour 1 personne
Recette facile
Recette peu chère
Préparation : 3 minutes

Ingrédients
1 cuil. à soupe de mayonnaise
1 cuil. à soupe de fromage blanc
2 cuil. à soupe de jus de pomme
1 pomme granny-smith
120 g de reste de poulet rôti
1 cuil. à soupe de ciboulette émincée
Une pincée d'épices de cajun
Sel, poivre noir.

1. Mélanger la mayonnaise avec le fromage blanc et le jus de pomme. Assaisonner.
2. Découper la pomme en lamelles sans retirer la peau.
3. L'incorporer avec le poulet à la sauce.
4. Répartir dans une boîte, parsemer de ciboulette et d'épices.

Fougassette au chorizo et au maïs

Pour 4 fougassettes
Recette très facile
Recette raisonnable
Préparation : 5 minutes
Cuisson : 20 minutes

Ingrédients
1 préparation pour fougasse
1 poignée de dés de chorizo
1 petite boîte de maïs
1 cuil. à café de mélange d'épices pour paella
Huile d'olive
Fleur de sel.

1. Suivre les indications au dos du paquet pour confectionner la pâte à fougasse.
2. Incorporer le chorizo, le maïs égoutté et les épices.
3. Diviser la préparation en quatre.
4. Façonner les petites fougasses.
5. Badigeonner d'huile d'olive, parsemer de fleur de sel.
6. Cuire à 220 °C (th. 7-8).

Méli-mélo de pommes au poulet

Pour 4 pains
Recette très facile
Recette raisonnable
Préparation : 3 minutes
Cuisson : 15 minutes

Ingrédients
1 pâte feuilletée
4 cuil. à soupe de confiture de groseilles
8 carreaux de chocolat au lait ou noir
1 jaune d'œuf battu
Des grains de sucre.

Petits pains au chocolat et aux groseilles

1. Dérouler la pâte, couper 4 rectangles.
2. Déposer 1 cuillerée de confiture puis le chocolat au centre de chaque morceau de pâte.
3. Refermer le pain, mettre un peu de jaune d'œuf pour bien souder les bords.
4. Badigeonner le dessus avec ce même jaune d'œuf à l'aide d'un pinceau.
5. Saupoudrer de grains de sucre.
6. Cuire à 200 °C (th. 6-7).

Pour 8 tartelettes
Recette très facile
Recette raisonnable
Préparation : 8 minutes
Cuisson : 22 minutes

Ingrédients
1 sachet de préparation pour riz au lait
2 cuil. à soupe de crème fraîche
2 jaunes d'œufs
8 fonds de tartelette tout prêts
2 cuil. à soupe de cassonade.

Tartelettes au riz brûlées

1. Préparer le riz au lait en suivant les instructions au dos du paquet.
2. Réserver ce dernier après l'avoir filmé avec un film alimentaire.
3. Incorporer la crème et les jaunes d'œufs au riz, à l'aide d'une spatule.
4. Garnir les fonds de tartelette.
5. Placer au frais.
6. Juste avant la dégustation, saupoudrer de cassonade.
7. Et caraméliser, avec un chalumeau si l'on en possède un ou sous le gril du four.

Petits pains au chocolat
et aux groseilles

Flans aux fruits et à l'amande

Pour 2 flans
Recette très facile
Recette raisonnable
Préparation: 5 minutes
Cuisson : 3 minutes

Ingrédients
50 cl de lait d'amande
1 sachet de préparation pour flan à la vanille
2 cuil. à soupe de macédoine de fruits.

1. Verser le lait dans une casserole, le porter à ébullition.
2. Ajouter la poudre à flan tout en fouettant.
3. Répartir les fruits dans 2 ramequins.
4. Verser la préparation précédente dessus.
5. Réserver au frais.

Compote aux trois fruits

Pour 3 personnes
Recette très facile
Recette peu chère
Préparation : 2 minutes
Cuisson : 10 minutes

Ingrédients
1 pomme
1 poire
1 orange
1 sachet de sucre vanillé.

1. Découper grossièrement la pomme et la poire en dés, sans ôter la peau.
2. Peler à vif l'orange.
3. Placer le tout dans un saladier avec le sucre.
4. Couvrir, et cuire au micro-ondes à la puissance maximale.
5. Attendre 5 minutes sans découvrir.
6. Mixer les fruits avec le jus.
7. Placer au frais.

Flans aux fruits et à l'amande

Gâteau au chocolat à la map

Pour 1 gâteau
Recette très facile
Recette peu chère
Préparation : 3 minutes
Cuisson : programme « gâteau »

Ingrédients
4 œufs
5 cl d'eau chaude
175 g de crème fraîche
5 cl d'huile végétale
140 g de sucre en poudre
50 g de cacao amer
250 g de farine
1 sachet de levure chimique.

1. Placer l'ensemble des ingrédients dans la cuve de la machine à pain.
2. Ne pas oublier de mettre les pales au fond.
3. Fermer et débuter le programme « Gâteau ».
4. Démouler et laisser refroidir sur une grille.

Petites crèmes à la mangue et à la grenadine

Pour 2 crèmes
Recette très facile
Recette raisonnable
Préparation : 3 minutes

Ingrédients
1/2 mangue
15 cl de lait concentré non sucré
1 cuil. à soupe de grenadine.

1. Peler la mangue, retirer le noyau en le contournant.
2. Mettre le lait et la demi-mangue dans le bol d'un mixeur.
3. Ajouter la grenadine.
4. Donner quelques impulsions pour obtenir une belle texture crémeuse.
5. Répartir dans des bouteilles Thermos ou un autre contenant hermétique.

Gâteau au chocolat à la map

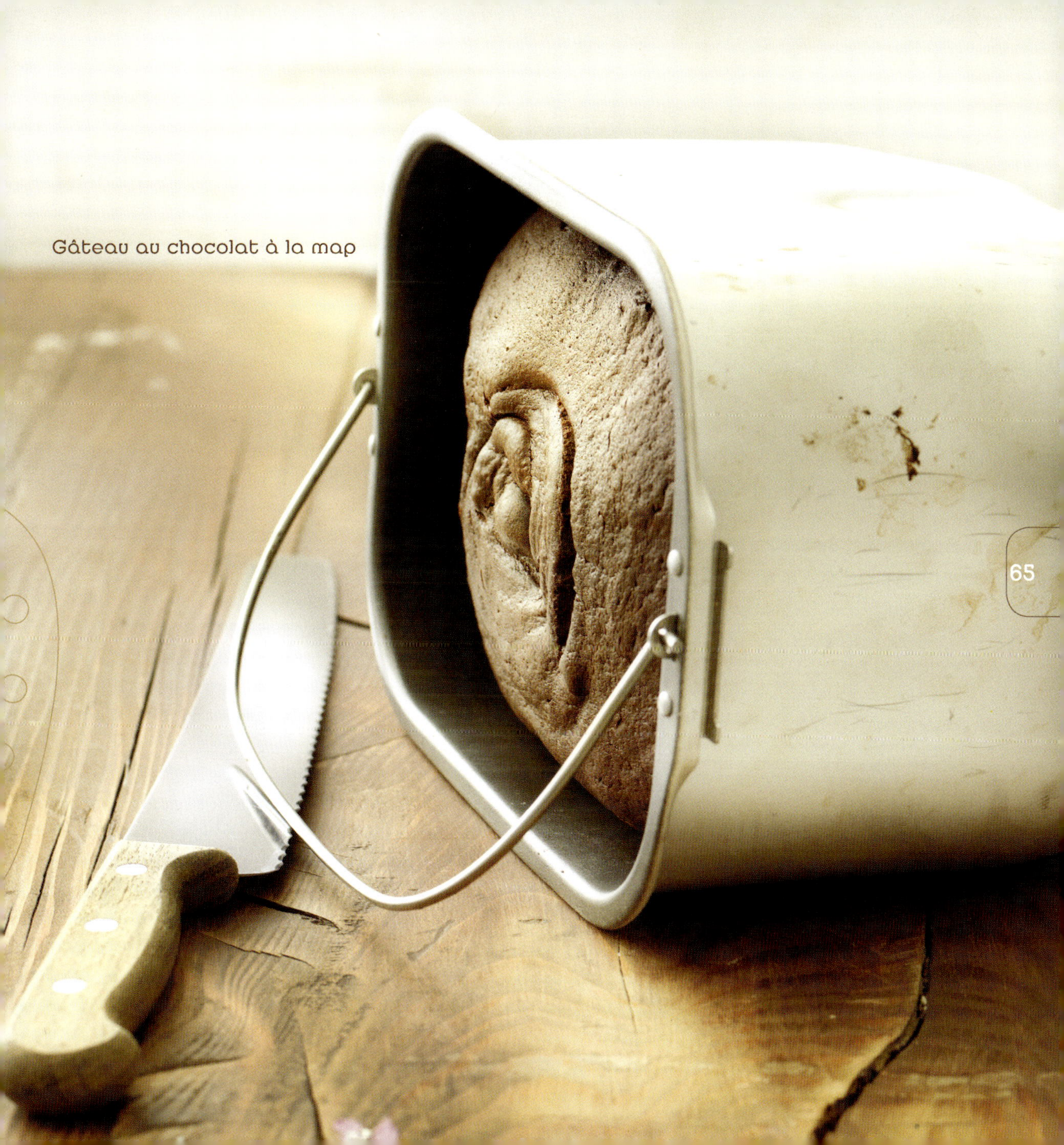

Table des matières

Avant-propos 5

Introduction 5

Mes trucs à moi 6

Repas équilibré pour madame 9

- Soupe de poulet aux poivrons rouges 10
- Tarte soufflée retombée au gorgonzola et à la tomate 11
- Tartelettes fraîcheur à la ricotta 12
- Poulet aux noix et aux poires 12
- Triangle à la roquette et au tofu 14
- Baluchons de la mer à l'avocat 16
- Yaourt bienfait 18
- Milk-shake saveur 18
- Petits pots de poires confites à la vanille 20

Chéri, n'oublie pas ton repas ! 23

- Salade de pommes de terre au bacon et à l'ail 24
- Jambon beurre moderne 25
- Salade d'asperges aux crevettes et à la coriandre 26
- Lasagnes d'amour 28
- Filet mignon de porc aux saveurs indiennes 30
- Far coco-mangue 32
- Gâteaux chocolat cuillère 34

Faites le plein d'énergie 37

- Salade de nouilles au sésame, pois gourmands et champignons 38
- Taboulé vert 39
- Feuilletés aux trois fromages 40
- Lavash roulé à l'omelette verte 42
- Minicroissants fudge 44
- Petites pizzas aux fruits secs et au miel 46
- Mini-applepies à la confiture de lait 48
- Tarte croquante à la rhubarbe 50

Recettes express 53

- Salade de crabe et de haddock 54
- Pissaladière express 54
- Carpaccio de jambon cru 55
- Tartelettes au parmesan 56
- Demi-baguette gratinée 56
- Méli-mélo de pommes au poulet 58
- Fougassette au chorizo et au maïs 58
- Petits pains au chocolat et aux groseilles 60

- Tartelettes au riz brûlées 60
- Flans aux fruits et à l'amande 62
- Compote aux trois fruits 62
- Gâleau au chocolat à la map 64
- Petites crèmes à la mangue et à la grenadine 64

Dépôt légal 2e trim. 2012
n° 3876
Imprimé en U.E.